AF209994

Gegen den Strich – ein Kompass für freie Geister

Leck mich, System. Ich mach's anders

Von derselben Autorin oder demselben Autor

KEINE PANIK ! Der ultimative Survival Guide durch das Midlife Universum

KEINE PANIK !Der ultmative Hitzewelle Surf-ival Guide durch das Menopause Universum

KEINE PANIK ! Der ultimative Survival Guide durch das Chaos Universum der Pubertät

STUPID by the Feed-die gefährliche Macht der sozialen Medien

Die Kunst sich selbst zu leben-vom Mut den eigenen Weg zu gehen

Psychotricks-Manipulation in Beziehungen und im Alltag erkennen und sich davor schützen

Energievampire unsichtbare Feinde der Seele-wie Du deine Lebensenergie zurückeroberst

Mensch 2.0 wie du mit Technologie in Einklang kommst ,ohne dich selbst zu verlieren

Workflow 2.0-effizienter arbeiten,smarter leben

Das kreative Chaos- wie ADHS dein größtes Talent sein kann

Mein wunderschöner energetischer Naturgarten-wie du mit Lakhovskis und Schaubergers Lehren deinen Garten in ein Paradies verwandelst

Pannonische Perspektiven- Geschichten aus Pannonia

Donaugeschichten-Ein Tag an der Donau vor 500 Jahren

Schachteln im Fluss-Geschichte eines Aufbruchs

Die vergessene Weisheit der Natur

Die Drehung der Welt-Steiner , Reich und das lebendige Feld

Mara von Eichen

Gegen den Strich – ein Kompass für freie Geister

Leck mich, System. Ich mach's anders

Mara von Eichen

Verlag: BoD · Books on Demand GmbH,
Überseering 33, 22297 Hamburg, bod@bod.de
Druck: Libri Plureos GmbH,
Friedensallee 273, 22763 Hamburg

*ISBN:**978-3-7693-5382-2***
© *Auflagen Mara von Eichen*

ISBN : 978-3-7693-5382-2

Mara von Eichen

Mara von Eichen lebt mit ihrer Familie in Südungarn und verbindet in ihren Werken Natur,Psychologie,Bewusstsein und kreative Ausdrucksformen. Als Autorin und Künstlerin betrachtet sie die Welt mit besonderer Sensibilität und Tiefgang. Ihre Sachbücher laden dazu ein, neue Perspektiven zu entdecken und die Verbindung zwischen Mensch und Natur bewusster wahrzunehmen. In der Ruhe der unberührten Landschaft findet sie Inspiration für ihre Arbeiten, die Verstand und Seele gleichermaßen ansprechen.

Wenn du nicht passt, liegt es vielleicht am Rah-
men.

Inhaltsverzeichnis

Vorwort

Fragment eines anonymen Manuskripts

„ Regiert zu werden heißt...
beobachtet, kontrolliert, bevormundet, unterrichtet,
katalogisiert, reglementiert, eingesperrt, indoktriniert,
moralisiert, bevormundet, gebrandmarkt, bestraft, zu-
rechtgewiesen, ausgeschlachtet, getäuscht und betro-
gen zu werden. "
(angelehnt an ein vergessenes Zitat aus anderen Zei-
ten, von anderen Zungen – irgendwo zwischen Tho-
reau und Proudhon verloren gegangen)

Dieses Buch ist kein Aufruf. Kein Bekenntnis.
Es ist ein literarisches Artefakt – ein Echo aus einem
Raum, in dem Gedanken noch frei wandern durften.
Was hier geschrieben steht, ist Fiktion. Oder?

Vielleicht stammt dieses Fragment aus einer Zu-
kunft, die nie eingetreten ist.
Vielleicht ist es ein Rückblick aus einer Gegenwart,
die sich selbst nicht mehr erkennt.
Vielleicht ist es nur das Tagebuch eines namenlosen
Beobachters.
Eines, der nicht schreit – sondern notiert.

Wer sich davon angegriffen fühlt, möge beruhigt
sein:
Das hier richtet sich nicht an Personen, sondern an
Prinzipien.

Nicht an Gruppen, sondern an Gedankengebäude. Nicht gegen dich – sondern für das, was in dir noch lebendig ist.

Einleitung

Hinweis zur Lektüre

Dieses Buch ist kein Ratgeber.
Nicht im klassischen Sinne – und auch nicht im juristischen.
Es enthält keine Anleitungen.
Keine Lösungen.
Keine Versprechen.
Was sich auf diesen Seiten findet, sind Gedankenfragmente.
Innere Monologe.
Fiktionale Stimmen.
Ein Spiel mit Sprache, Wahrheit und Wirklichkeit –
ohne Anspruch auf Gültigkeit.
Vielleicht ist es nur ein literarischer Versuch,
etwas Unsagbarem Ausdruck zu verleihen:
diesem vagen Gefühl, dass etwas nicht stimmt –
und dass man trotzdem nicht verrückt ist.
Wenn du dich in dieser Welt manchmal fremd
fühlst,
wenn du zweifelst, was noch echt ist,
wem man glauben kann
oder wohin man gehört –
dann bist du nicht allein.
Und nicht falsch.

Vielleicht warst du nie dafür gemacht,
einfach zu funktionieren.

Vielleicht hat sich in dir ein klarer Blick bewahrt,
den man dir nicht aberziehen konnte.

Dieses Buch richtet sich an eben diesen Teil.
Den stillen.
Den wachen.
Den unbeugsamen.

Es will nicht belehren.
Es will begleiten.
Mit Worten, die nicht gefallen müssen –
aber vielleicht etwas in dir berühren.
Nicht um Recht zu haben.
Sondern um Raum zu geben.

Denn wer heute gegen den Strom denkt,
ist nicht radikal –
sondern empfindsam.

Und wer sich weigert, sich zu fügen,
steht vielleicht nicht in der Mitte der Gesellschaft –
aber auf den eigenen Füßen.

Wenn du das kennst,
könnte dieses Buch dir etwas sagen.
Nicht als Wahrheit.
Aber als Möglichkeit.

Das Anti-Manifest

für Freigeister, Unbeugsame und Andersdenkende

1. **Ich glaube nichts – ich prüfe alles.**
   Egal, wie oft man es mir zeigt, sagt oder sendet.

2. **Ich gehorche nicht, nur weil andere es tun.**
   Anpassung ist keine Tugend, sondern ein Reflex.

3. **Ich vertraue meinem Bauch mehr als jeder Statistik.**
   Mein Körper ist ehrlicher als jede Studie.

4. **Ich tue nicht, was von mir erwartet wird.**
   Ich tue, was sich *richtig* anfühlt – auch wenn es keiner versteht.

5. **Ich rede nicht mit dem System – ich rede mit Bäumen.**
   Sie haben weniger Macht, aber mehr Weisheit.

6. **Ich verwechsle Pflicht nicht mit Verantwortung.**
   Verantwortung trage ich freiwillig – nicht befohlen.

7. **Ich nenne Dinge beim Namen – auch wenn sie unbequem sind.**
   Wahrheit braucht keine PR-Abteilung.

8. **Ich wähle nicht zwischen Pest und Cholera.**
   Ich verlasse das Spielfeld.
9. **Ich lasse mich nicht therapieren, wenn die Welt krank ist.**
   Meine Symptome sind Widerstand – kein Defekt.
10. **Ich bin frei – nicht weil ich darf, sondern weil ich es bin.**
    Punkt.

Die große Verdrehung

Oder: Warum du fast immer das Gegenteil glauben solltest

Du lebst in einer Welt, in der alles auf den ersten Blick funktioniert –
und auf den zweiten vergiftet ist.

Das System sagt:
Fleiß zahlt sich aus.
Die Realität:
Du wirst ausgebrannt, ausgenutzt und wegrationalisiert
–
während oben Bonuszahlungen winken.

Das System sagt:
Gesetze schützen dich.
Die Realität:
Sie schützen Eigentum, Macht und die Ordnung der Besitzenden.
Du darfst demonstrieren – aber bitte leise, angemeldet, und nur, wenn es nichts verändert.

Das System sagt:
Du hast die Wahl.
Die Realität:
Du darfst entscheiden, welche vorformulierte Lüge dir besser schmeckt.

Es fängt in der Schule an:

Anpassung wird benotet.

Neugier wird belächelt.

Eigenständiges Denken?

Stört den Unterricht.

Dann kommt der Arbeitsmarkt:

Flexibel sein heißt: immer verfügbar.

Teamfähig heißt: funktioniere ohne Widerstand.

„Berufung" bedeutet: Mach's mit Leidenschaft, damit
wir dich billiger kriegen.

Und die Religion?

Die sagt dir:

Leide still – dafür wartet der Himmel.

Aber wehe, du suchst dein Heil im Wald, bei Tieren
oder in dir selbst –

dann bist du ein Ketzer, Esoteriker oder Gefahr für die
Demokratie.

Die große Verdrehung ist überall:

Freiheit heißt Gehorsam.

Wissenschaft ist Meinung.

Sicherheit ist Überwachung.

Liebe ist Besitz.

Gesundheit ist Abhängigkeit.

Verantwortung heißt: den Regeln folgen.

Und Rebellion?

Die ist verdächtig.

Immer.

Wer heute aufsteht und sagt:
„Ich glaube euch nicht mehr"
ist nicht mutig.
Er ist gesund.

Und deswegen wirst du pathologisiert,
zensiert, etikettiert, isoliert, blockiert.
Du bist „Verschwörungstheoretiker", „Querdenker",
„unsolidarisch",
nur weil du sagst:

Ich mache nicht mehr mit.

Dabei wäre genau das der einzige Weg in die
Wahrheit:
Nicht mehr mitmachen.
Nicht mehr glauben.
Nicht mehr ducken.

Denn alles wurde verdreht.

Fast alles, was man dir empfiehlt, ist ein Hinweis
darauf,
was dich lähmt, entmündigt oder von dir selbst trennt.

Darum lautet die Grundregel dieses Buchs:

Wenn Staat, Kirche, Medien, Wirtschaft,
Bildung oder Werbung dir etwas mit Nachdruck
ans Herz legen –

tu das Gegenteil.

Nicht aus Trotz.
Nicht aus Hass.
Sondern weil in der Umkehr oft die Freiheit liegt.

Wenn sie sagen:

„Vertraue uns."

Frag:

Wer hat etwas davon?

Wenn sie sagen:

„Tu es für die Gemeinschaft."

Sieh nach, ob damit nicht nur die Kontrolle gemeint ist.

Wenn sie sagen:

„Das ist für deine Sicherheit."

Weißt du:

Sie wollen deine Unterwerfung.

Du darfst dich rausziehen.

Du darfst sagen:

„Ich sehe, dass das System krank ist – und ich werde nicht länger daran gesunden wollen."

Denn das System wird dich nie heilen.

Es lebt von deiner Krankheit.

Von deinem Gehorsam.

Von deinem Schuldgefühl.

Aber du bist nicht schuldig.

Du bist wach.

Und das allein ist Grund genug,

dich zu diskreditieren.

Dieses Buch wird dir nicht sagen, was du tun sollst.

Es wird dir zeigen, wie tief die Lüge sitzt –
und wie befreiend es ist, sie **nicht mehr zu fressen.**

Wir gehen gemeinsam einen Weg **gegen den Strich**.

Nicht, weil wir es müssen.
Sondern weil sich alles andere längst falsch anfühlt.

Und wenn du dabei manchmal zweifelst,
ob du verrückt bist –
bist du genau richtig.

Denn normal ist längst nicht mehr gesund.

Es gibt keine Anarchisten – nur freie Menschen

Der Begriff „Anarchist" ist eine Falle.
Eine, die viele nicht erkennen – und genau deshalb wirkt sie.

Denn wer sich *Anarchist* nennt,
stellt sich in Opposition zu einem System,
das er zugleich **anerkennt**.
Ein Anarchist braucht den Staat als Gegenüber,
als Feindbild, als Bezugspunkt.

Doch ein wirklich freier Mensch braucht das alles nicht.
Für ihn existiert der Staat nicht – nicht als Struktur,
nicht als Realität, nicht als mentale Kategorie.
Er lebt nicht *gegen* den Staat.
Er lebt einfach **ohne ihn**.

Das ist ein Unterschied von Welten.

Der Begriff „Anarchismus" stammt aus dem Denken derer,
die noch **im Spiel der Machtstrukturen** denken.
Er ist eine Antwort auf das, was man ihnen beigebracht hat zu fürchten:
Herrschaft, Autorität, Kontrolle.

Aber ein wahrhaft freier Mensch hat diese Angst nicht mehr.
Er hat das Spiel **verlassen**.

Nicht durch Kampf, sondern durch **Nichtanerkennung.**

Das ist das Entscheidende:

Solange du kämpfst, bist du im Spiel.

Solange du dich definierst – auch als „anders", „gegen", „rebellisch" –

spielst du nach ihren Regeln.

Der Staat liebt es, wenn du *gegen* ihn bist.

Denn das macht ihn real.

Dein Widerstand bestätigt ihn.

Doch wenn du einfach **gehst,**

wenn du ihm die Bühne entziehst,

wenn du weder seine Fahnen noch seine Gegenfahnen brauchst –

dann stirbt er.

Denn der Staat ist nicht aus Stein gebaut.

Er ist aus **Glauben** gebaut.

Aus Anerkennung. Aus Begriffen.

Sogar der Begriff „*Herrschaftsfreiheit*"

setzt voraus, dass Herrschaft einmal gültig war.

Ein freier Mensch fragt nicht nach Herrschaft.

Er lebt.

Und weil er lebt, **in Verbundenheit mit dem Lebendigen,**

gibt es für ihn nichts zu bekämpfen.

Nur etwas zu lassen: das Alte.

Und etwas zu betreten: das Eigene.

Darum ist jeder, der sich *Anarchist* nennt,
noch ein halber Gefangener.
Ein Wanderer, der sich eine Zelle baut – aus Worten,
aus Idealen, aus Widerstand.

Der Freie aber ist still.
Nicht im Sinne von schweigend –
 sondern im Sinne von **frei von der Sprache des Systems.**

Er hat keine Fahne. Kein Manifest.
Kein Etikett.

Nur sich. Und das Leben.

Und das genügt.

Gesellschaft will Gehorsam – nicht Geist

Warum Denken gefährlicher ist als jede Waffe
Die Gesellschaft behauptet, sie wolle kluge Menschen.

Neugierige. Kreative. Freie Geister.

Das ist gelogen.

Was sie wirklich will: **funktionierende Menschen**.

Vorhersehbare Zahnräder.

Berechenbare Mitläufer.

Freundliche Maskenträger mit Steuer-ID.

Geist?

Der stört.

Denn wer denkt, stellt Fragen.

Wer fragt, widerspricht.

Und wer widerspricht, ist unbequem.

Und Unbequeme… tja, die will man lieber ruhig stellen.

Mit Diagnosen.

Mit Etiketten.

Mit Schuld.

Die Schule beginnt damit:

Nicht Bildung, sondern **Dressur**.

Du wirst bewertet nach Gehorsam, nicht nach Erkenntnis.

Nach Reproduktion, nicht nach Inspiration.

Lern das, wiederhol das, schreib das.

Frage nicht, warum.

Denn „so ist es halt".

Und wehe, du stellst den Lehrplan infrage –
dann bist du „schwierig".

Später, im Beruf, geht es weiter:

Teamfähig heißt: **Mach, was man dir sagt, ohne zu murren.**

Belastbar heißt: **Ertrag den Irrsinn, ohne zu kollabieren.**

Flexibel heißt: **Ordne dich jeder Laune unter.**

Und wehe, du willst Sinn.

Oder Zeit.

Oder Autonomie.

Dann wirst du seltsam.

Oder gefährlich.

Oder „nicht belastbar".

Denn das System ist wie eine Maschine:

Es will keinen Geist –
es will **Treibstoff.**

Dein Geist ist keine Ressource.

Dein Geist ist ein Risiko.

Weil er sieht, was nicht stimmt.

Weil er sagt, was nicht passt.

Weil er nicht kuscht, wenn die Masse sich beugt.

Darum versucht man, ihn zu bändigen:

Mit Bürokratie.

Mit Moral.

Mit Angst.

Mit Belohnung für Anpassung.

Und Sanktion für Abweichung.

Doch wahrer Geist **entzieht sich.**

Er taucht ab, wenn es eng wird.

Er flackert im Untergrund.

Er spricht in Träumen,

in Wut,

in Kunst,

in plötzlicher Klarheit auf dem Fahrrad.

Und er sagt dir:

Du bist nicht falsch.

Du bist wach.

Die Gesellschaft redet von Freiheit –

aber sie meint:

die Freiheit, dich selbst zu verraten.

Die Freiheit, wählen zu dürfen zwischen A und B,

solange du nicht fragst, wer C erfunden hat.

Die Freiheit, du selbst zu sein –

solange du bleibst, was man unter „normal" versteht.

Aber dein Geist will mehr.

Er will nicht „mitmachen".

Er will **durchschauen.**

Er will **entwirren.**

Er will **leben.**

Und darum ist er gefährlich.
Nicht für dich –
sondern für das System, das lieber
1000 funktionierende Idioten hat
als einen einzigen,
der *wirklich denkt.*

Wenn du also manchmal das Gefühl hast,
dass du nicht reinpasst –
dann freu dich.

Denn das heißt:
Dein Geist ist noch da.
Und er hat keine Lust, sich beugen zu lassen.

Willkommen im Buch für Freigeister.
Hier darfst du denken,
spüren,
widersprechen
und entscheiden:
Was will ich behalten –
und was fliegt raus?

Denn wenn du deinen Geist zurückholst,
kannst du nicht mehr zurück.
Und das ist gut so.

Das Gegenteil ist oft die Wahrheit

Wie du Lügen erkennst, indem du sie umdrehst
Die meisten glauben, sie wissen, was richtig ist.
Was moralisch ist.
Was vernünftig ist.
Was "man halt so macht".
Aber was, wenn fast alles, was dir beigebracht
wurde,
in Wirklichkeit sein genaues Gegenteil ist?
Was, wenn die Tugenden, die man dir einbläut,
dich schwächen –
und die Eigenschaften, die man dir austreibt,
deine größte Kraft wären?

Hier ein kleiner Selbsttest:
Sie sagen: Sei brav.
Wahrheit: Sei echt.

Sie sagen: Sei bescheiden.
Wahrheit: Wisse, was du wert bist.

Sie sagen: Folge der Mehrheit.
Wahrheit: Folge deinem Gefühl – selbst wenn du allein
bist.

Sie sagen: Wissenschaft ist neutral.
Wahrheit: Sie ist gekauft. Und oft gefügig.

Sie sagen: Die Polizei schützt dich.
Wahrheit: Sie schützt die Ordnung. Nicht dich – es sei denn, du *bist* die Ordnung.

Sie sagen: Das System ist gerecht.
Wahrheit: Es ist effizient im Belohnen von Gehorsam – und gnadenlos gegenüber Wahrheit.

Sie sagen: Wenn du nichts zu verbergen hast, musst du nichts befürchten.
Wahrheit: Wenn du nichts mehr verbergen darfst, bist du nicht mehr frei.

Es geht nicht darum, immer das Gegenteil zu tun. Aber darum, immer zu prüfen, ob das Gegenteil vielleicht echter wäre.

Denn das System lebt von deiner Zustimmung.
Deine Einwilligung ist sein Fundament.
Und es bekommt sie, indem es dir einredet,
dass es für dein Bestes sorgt.

Dabei sorgt es vor allem für sich selbst.

Schau genau hin:

Vertrauen heißt heute: Akzeptiere alles, ohne Fragen zu stellen.

Solidarität heißt: Gehorche kollektiv.
Bildung heißt: Lerne zu wiederholen.
Gesundheit heißt: Werde abhängig von Produkten.
Demokratie heißt: Wähle zwischen zwei Marionetten.
Und sobald du es durchschaut hast,
bist du ein „Systemkritiker" –
als wäre Kritik an einem faulenden Fundament
eine Charakterschwäche.
Du wirst nicht mit Argumenten entkräftet.
Du wirst abgewertet, ausgelacht, isoliert.
Weil das System keine Wahrheit braucht.
Es braucht nur Ruhe.
Und Mitläufer.
Aber du bist kein Mitläufer.
Du siehst, dass der Kaiser nackt ist.
Du riechst, dass der Braten faul ist.
Und du hast keine Lust mehr, höflich zu schweigen.
Darum gilt ab jetzt:
Wenn etwas dir aufgezwungen wird –
frag dich, was das Gegenteil bedeuten würde.
Nicht, weil du trotzig bist.
Sondern weil du wach bist.
Die größte Wahrheit ist oft
nicht laut,
nicht logisch,
nicht bequem –

sondern verborgen
im Schatten des Offensichtlichen.
   Und genau da
beginnt deine Freiheit.

Werkzeuge für das freie Leben

Für den stillen Aufstand im Alltag
Du brauchst keine Waffen.
Du brauchst keine Bühne.
Du brauchst keine Revolution im Außen.
Was du brauchst, ist ein Werkzeugkasten.
Nicht aus Metall –
sondern aus Gedanken, Gewohnheiten und kleinen Taten,
die dich befreien
aus der täglichen Hypnose.
Hier sind ein paar dieser Werkzeuge:
1. Die radikale Frage:
„Wer hat etwas davon, wenn ich das glaube?"
Wenn du diese Frage ernsthaft stellst,
zerfällt die halbe Welt in Staub.
Nutze sie überall.
Beim Fernsehen.
Beim Arzt.
Beim Beten.
Beim Abstimmen.
Beim Einkaufen.
Sie zeigt dir, was echt ist –
und was nur Theater.
2. Die Kunst des inneren Rücktritts:
Du musst nicht laut rebellieren.

Zieh dich einfach zurück – still, entschieden, ohne Drama.

Geh nicht hin, wo du dich verraten musst.

Sag Nein, ohne Erklärung.

Lächle, während du ablehnst.

Du schuldest niemandem ein Warum.

3. Die Umkehrregel:

Wenn dir jemand sagt, was gut für dich ist –
frag dich:

Was würde passieren, wenn ich das Gegenteil tue?

Nicht immer, aber öfter,
liegt dort die Wahrheit.

4. Das Weglassen:

Weniger Nachrichten, weniger Rechtfertigungen,
weniger Bildschirme, weniger Lärm.

Mehr Stille.

Mehr du.

Stille ist ein politischer Akt.

5. Die Wahl der Verbündeten:

Umgib dich mit Menschen, die dich nicht therapieren,
nicht belehren,
nicht erwarten, dass du funktionierst.

Sondern solche, die auch sehen,
dass alles verdreht ist –
und trotzdem nicht verbittert sind.

6. Das tägliche „Ich darf das."

Du darfst langsam sein.

Du darfst wütend sein.

Du darfst zweifeln.

Du darfst dich entziehen.

Du darfst denken.

Du darfst du sein –

auch wenn es keiner absegnet.

7. Der Blick ins Wilde:

Tiere urteilen nicht.

Bäume manipulieren nicht.

 Der Wind will nichts von dir.

Die Natur ist frei –

weil sie nicht versucht, jemand zu sein.

Geh raus.

Nicht zur Erholung.

Sondern zur Erinnerung.

8. Die Sprache entgiften:

Vermeide Worte wie:

„man muss", „normal", „die da oben", „Experten sagen", „alternativlos"

Sprich anders.

Sprich klar.

Sprich wahr.

Und sprich lieber gar nicht,

wenn das Echo nur Lärm wäre.

9. Der Ehrenkodex:

 Du brauchst keine Gesetze.

 Du brauchst Klarheit.

Mach dir deinen eigenen Kodex.

Kurz. Wahr.

Zum Beispiel:

Ich schade niemandem.

Ich höre auf mein Gefühl.

Ich beuge mich nicht, wenn es mir das Rückgrat bricht.

Ich tue nichts, was ich nicht vertreten kann –

auch wenn es alle tun.

10. Der stille Akt der Freiheit:

Manchmal ist Widerstand ein Lächeln,

wenn alle hetzen.

Ein Schweigen,

wenn alle schreien.

Ein Nein,

wo alle nicken.

Und ein Weggehen,

wo man dich binden will.

Diese Werkzeuge wachsen mit dir – still und stetig.

Mit jedem Moment, in dem du dich erinnerst,

dass du kein Zahnrad bist –

sondern ein Wesen.

Und mit jedem Akt innerer Klarheit

entsteht ein Riss

im Beton der Welt.

Was du wirklich brauchst

Und warum das meiste, was man dir verkauft, genau das verhindert

Sie sagen dir, was du brauchst.

Einen Job.

Ein Auto.

Ein sicheres Einkommen.

Eine Krankenversicherung.

Ein Haus mit Kreditlaufzeit.

Zwei Wochen Urlaub im Jahr.

Und wenn's ganz gut läuft:

Anerkennung, Karriere, Titel, Applaus.

Aber all das –

ist kein Leben.

Es ist Ablenkung.

Die Wahrheit ist:

Du brauchst keine acht Stunden Fremdbestimmung am Tag.

Du brauchst keine Bildschirmzeit.

Du brauchst keinen Selbstoptimierungs-Algorithmus,

keinen Bildungsabschluss,

keine Schulden,

keinen Designer-Kühlschrank

und kein Etikett, das dich irgendwie definierbar macht.

Was du wirklich brauchst,
kannst du nicht kaufen.
Und darum hat man es dir ausgeredet.
Hier ist eine unvollständige Liste.
Du brauchst Raum.
Raum zum Atmen.
Zum Denken.
Zum Fühlen.
Nicht durchgetaktete Tage.
Sondern Leere, aus der du wieder schöpfen kannst.
Du brauchst Stille.
Nicht absolute,
aber echte.
Eine, in der du dich wieder hörst.
Du brauchst Berührung.
Nicht digital.
Nicht flüchtig.
Sondern echt.
Von Wesen, die es ehrlich mit dir meinen.
Tiere.
Menschen.
Erde.
Du brauchst Verbindung.
Nicht Netzwerk.
Nicht Likes.
Sondern Nähe.
Blickkontakt.

Lagerfeuer.
Vertrautes Schweigen.
Du brauchst Sinn.
Nicht den großen Lebenszweck auf Hochglanz.
Sondern das Gefühl,
dass dein Tag mehr war als bloß erledigt.
Dass du *bist*,
nicht nur *funktionierst*.
Du brauchst Einfachheit.
Nicht Armut.
Sondern Klarheit.
Weniger Kram.
Mehr Zeit.
Mehr Echtheit.
Weniger Rollen.
Mehr Rückgrat.
Du brauchst Wahrheit.
Nicht absolute.
Aber deine.
Etwas, das sich innen *richtig* anfühlt,
auch wenn außen niemand klatscht.
Du brauchst Natur.
Nicht als Deko.
Sondern als Spiegel.
Als Rückbindung.
Als Erinnerung,

dass du Teil davon bist –
und nicht das Zentrum.
    Du brauchst Würde.
Nicht als Orden.
Sondern als Haltung.
Die Entscheidung,
nicht alles mitzumachen.
Nicht alles mit dir machen zu lassen.
    Du brauchst Freiheit.
Nicht unbedingt äußere.
Aber innere.
Die Freiheit, nein zu sagen.
Anders zu denken.
Nicht zu funktionieren.
Nicht zu lügen.
Nicht zu lächeln, wenn dir nicht danach ist.
    Und du brauchst Mut.
Nicht den fürs Rampenlicht.
Sondern den stillen.
Den, der dich Tag für Tag gegen den Strom leben lässt.
Den, der dir sagt:
Es ist okay, dass du nicht passt.
Denn du bist nicht hier, um zu passen.
Du bist hier, um *wahr* zu sein.
    Wenn du das hast –
selbst in Spuren –

dann bist du reicher
als jeder, der sich kaufen ließ.

Und vielleicht bist du dann auch gefährlich –
für ein System,
das alles, was du wirklich brauchst,
nicht liefern kann.

Die verbotene Kunst der Eigenverantwortung

Warum du lieber Schuldiger sein solltest als Opfer
Du lebst in einer Welt, in der es einfacher ist,
Schuld zu verteilen,
als sich selbst zu erkennen.

Alle sind Opfer.
Alle sind traumatisiert.
Alle sind benachteiligt, enttäuscht, verletzt, unter-
drückt.
Und das stimmt sogar oft.

Aber was, wenn du da raus willst?
Was, wenn du *nicht* mehr Teil dieser Verstrickung
sein willst?
Was, wenn du sagst:
„Ja, ich habe erlebt. Aber jetzt wähle ich."

Dann wird's ungemütlich.
Denn dann beginnst du mit etwas,
das in dieser Zeit fast als Ketzerei gilt:

Eigenverantwortung.
Du hörst auf, dich rauszureden.
Du hörst auf, zu klagen.
Du hörst auf, die Schuld zu schieben.

Stattdessen sagst du:
„Ich entscheide, wie ich lebe.
Was ich glaube.

Wem ich zuhöre.
Wofür ich stehe. "
　　Und plötzlich wird's still um dich.
Weil viele nicht mitkommen.
Weil viele lieber empört sind als frei.
Weil viele lieber sagen:
„Ich kann ja nichts dafür."
als:
„Ich hätte es ändern können."
　　Eigenverantwortung heißt nicht,
dass alles deine Schuld ist.
Aber es heißt,
　dass du **mit dem, was ist**,
etwas tun kannst.
　　Nicht, weil du musst –
sondern weil du es *darfst*.
　　Das System liebt Opfer.
Weil Opfer leicht zu führen sind.
Sie suchen Schutz, Führung, Erklärung.
Sie sind verführbar durch alles,
was ihnen Heilung verspricht –
ohne, dass sie sich selbst bewegen müssen.
　　Und das System hasst Selbstverantwortliche.
Denn sie sind nicht lenkbar.
　Sie brauchen keine Führer.
Keine Partei.
Keine Schulmedizin.

Keinen Guru.

Keinen Erlöser.

  Sie hören auf sich.

Sie entscheiden selbst.

Sie scheitern, stehen auf –
und heulen nicht im Kreis.

  Sie sagen:

„Das war meine Wahl.

Nicht klug vielleicht.

Aber meine."

Und genau das ist Freiheit.

  Eigenverantwortung heißt:

Ich trage die Konsequenzen.

Ich nehme mich ernst.

Ich gestehe mir Irrtum zu –
aber nicht Ausrede.

  Es ist kein Zufall, dass man dir das ausgetrieben
hat.

Denn ein Mensch, der sich selbst gehört,
 der braucht keine Fremdherrschaft.

  Die meisten modernen Systeme sind darauf aufgebaut,
dass du dich klein fühlst.

Hilflos.

Überfordert.

Krank.

Abhängig.

Uninformiert.

Unsicher.

Denn dann kannst du geführt werden.

Gefüttert.

Belehrt.

Behandelt.

Beraten.

Beruhigt.

Aber ein freier Mensch braucht das nicht.

Er fragt.

Er prüft.

Er steht für das, was er fühlt –

nicht für das, was ihm erlaubt wurde.

Wenn du dich also fragst,

wo deine Freiheit beginnt:

Nicht in den Straßen.

Nicht in der Wahlkabine.

Nicht im Widerstand.

Sondern da,

wo du aufhörst,

den Zeigefinger zu heben –

und stattdessen sagst:

„Ich bin dran."

Nicht perfekt.

Nicht allwissend.

Aber bereit, es zu tragen.

Denn wer das kann,

der ist nicht mehr zu kaufen.
Und nicht mehr zu lenken.
    Eigenverantwortung ist unbequem.
Aber sie ist der Anfang von echter Würde.
Und sie macht dich stärker,
als jede Therapie es je könnte.

Systemangst & Moralkeule

Wie man dich mit Anstand zum Schweigen bringt
Früher hat man Menschen mit Knüppeln kontrolliert.
Heute macht man es mit Parolen.
Mit Angst.
Und mit Moral.
  Denn Angst lähmt.
Und Moral bindet.
Zusammen ergeben sie ein perfektes System,
um dich still, schuldvoll und anständig zu halten –
selbst wenn alles in dir schreit.
  Die Angst sagt dir:
Wenn du nicht funktionierst, verlierst du.
Deine Arbeit.
Deine Wohnung.
Deine Sicherheit.
Deine Zugehörigkeit.
  Und die Moral sagt dir:
Wenn du nicht spurst, bist du schlecht.
Egoistisch.
Unsolidarisch.
Antisozial.
„Schwierig".
  Es ist ein doppelter Griff:
Erst macht man dir Angst.

Dann verpasst man dir ein Etikett,
wenn du versuchst, dich zu wehren.

Sagst du:
„Ich will frei entscheiden, was mit meinem Körper
passiert."
Antwortet man:
„Du bist gefährlich."

Sagst du:
„Ich glaube nicht alles, was die Nachrichten mir erzäh-
len."
Sagt man:
„Dann bist du radikal."

Sagst du:
„Ich will nicht mehr Teil dieses Systems sein."
Hörst du:
„Dann bist du faul. Und asozial."

Du wirst moralisch vernichtet,
damit niemand mehr auf das hört,
was du eigentlich sagst.

Und du wirst mit Angst gefüttert,
damit du dich nicht traust,
es trotzdem zu sagen.

Systemangst ist keine diffuse Sorge.
Sie ist gezielte Steuerung.

Sie beginnt früh:
„Wenn du das nicht lernst, wirst du später nichts."
„Wenn du nicht gehorchst, wirst du bestraft."

„Wenn du den Lehrer hinterfragst, bekommst du Ärger."

„Wenn du bei der Prüfung durchfällst, war's das mit deinem Leben."

Und sie geht weiter:

„Wenn du nicht vorsorgst, wirst du krank."

„Wenn du nicht investierst, bist du selbst schuld."

„Wenn du das System kritisierst, zerstörst du unsere Gesellschaft."

Du sollst Angst haben –
vor Krankheit, vor Armut, vor Ausgrenzung,
vor dem Falschen, vor dem Richtigen,
vor allem, was nicht „offiziell abgesegnet" ist.

Und damit du dich nicht wehrst,
wird alles moralisch aufgeladen.

Die Moralkeule sagt:
Wenn du still leidest, bist du gut.
Wenn du aufstehst, bist du gefährlich.

Wenn du Zweifel hast,
musst du dich schämen.
Denn du könntest ja andere gefährden.

Wenn du sagst,
„Ich mache da nicht mehr mit"
dann bist du schuldig.
Nicht vor dem Gesetz –
aber vor der Öffentlichkeit.

Vor den Medien.
Vor dem Spiegel der Masse.
Moral ist heute keine Orientierung.
Sie ist ein Maulkorb.

Sie ist nicht dafür da,
dass du ein besserer Mensch wirst –
sondern ein stillerer.

Du sollst denken:
„Ich darf das nicht sagen."
„Ich darf das nicht tun."
„Ich darf das nicht hinterfragen."
Nicht, weil es falsch wäre –
sondern weil es nicht erlaubt ist.

Aber du bist nicht hier,
um ein braves, angepasstes, angstgesteuertes Wesen zu
sein.
Du bist hier,
 um *echt* zu sein.

Wenn du etwas spürst –
laut, leise, zwischen den Zeilen –
dann darfst du dem trauen.
Auch wenn alle anderen dich dafür angreifen.

Denn oft ist genau das,
was man dich nicht sagen lässt,
die Wahrheit,
die sie am meisten fürchten.

Und oft ist das,
wofür man dich moralisch vernichtet,
dein größter Schritt in die Freiheit.

Also prüfe deine Angst.

Und entlarve die Moral.

Denn wenn du dich von beidem nicht mehr steuern
lässt –
bist du frei.

Nicht gesetzlich.

Nicht gesellschaftlich.

Aber in dir.

Und das reicht,
um alles zu verändern.

Heilige Wut & kreative Verweigerung

Warum dein Nein heilig ist – und deine Wut ein Werkzeug

Du sollst still sein.

Sachlich.

Rücksichtsvoll.

Ausgeglichen.

Konstruktiv.

Höflich.

Bitte, danke, Maske auf, Fresse halten.

Aber was, wenn in dir etwas tobt?

Was, wenn du spürst, dass das Maß voll ist?

Was, wenn du nicht mehr ruhig bleiben kannst,
weil alles in dir schreit:

Das hier ist falsch.

Dann wird's gefährlich –
nicht für dich,
sondern für das System.

Denn Wut ist nicht das Problem.

Sie ist die Reaktion.

Auf Unrecht.

Auf Manipulation.

Auf Lüge.

Auf ständige Übergriffigkeit im Deckmantel von „Sorge".

Auf das Gefühl, dass du dich für dein echtes Sein
ständig rechtfertigen musst.

Wut ist kein Defekt.

Sie ist Klarheit in Flammenform.

Sie sagt:

Hier endet mein Gehorsam.

Aber sie darf nicht einfach explodieren.

Nicht zerstören.

Nicht sich selbst vergiften.

Sondern: **brennen. Ohne zu verbrennen.**

Das nennt man heilige Wut.

Heilige Wut zerstört keine Menschen.

Aber sie zerschneidet Lügen.

Sie bricht Muster.

Sie beendet Abhängigkeiten.

Sie setzt Grenzen.

Sie sagt:

„Nein. Nicht mit mir. Nie wieder."

Und sie ist nicht laut, um laut zu sein.

Sie ist klar.

Unbestechlich.

Unaufhaltsam.

Wer seine heilige Wut spürt,
muss sich nicht prügeln.

Er muss nur aufhören, zu lügen.

Zu lächeln, wenn ihm nach Sturm ist.

Zu nicken, wenn alles in ihm sich aufbäumt.
Zu schweigen, wenn das System brüllt.
Und dann kommt die Verweigerung.
Nicht passiv.
Nicht trotzig.
Sondern **kreativ**.
Kreative Verweigerung heißt:
Ich spiele euer Spiel nicht mehr –
und ich erfinde mein eigenes.
Ich arbeite nicht mehr für Systeme,
die mich krank machen.
Ich konsumiere nicht mehr,
um mein Loch zu füllen.
Ich leiste nicht mehr,
um mir Existenzrecht zu erkaufen.
Ich beweise mich nicht mehr,
um geliebt zu werden.
Ich verweigere das Theater.
Ich verweigere die Maske.
Ich verweigere die Normalität,
die mich innerlich vernichtet.
Aber ich weigere mich **nicht aus Hass.**
Ich tue es,
weil ich mich selbst wieder achte.
Und daraus entsteht Schöpferkraft.
Denn wer Nein sagt zum Alten,
öffnet Raum fürs Neue.

Heilige Wut ist wie ein Blitz –
sie entlädt,
klärt die Luft,
und macht Platz für etwas Echtes.
Du darfst wütend sein.
Nicht hysterisch.
Nicht blind.
Sondern wach.
Und du darfst nein sagen.
Nicht entschuldigend.
Nicht versteckt.
Sondern deutlich.
Weil dein Nein das Erste ist,
was dich rettet.
Und das Letzte,
was sie von dir kriegen.
Also steh dazu.
Lass es brennen.
Nicht dich –
sondern das,
was dich festhält.

Raus aus der Kabine – rein ins Leben

Warum die wahre Entscheidung nicht auf dem Wahlzettel steht
   Sie sagen dir:
Geh wählen.
Denn das ist deine Pflicht.
Dein Recht.
Deine Macht.
Dein Einfluss auf die Welt.
   Aber sie sagen dir nicht,
dass du dabei jedes Mal zwischen
verschiedenen Verpackungen derselben Ideologie
wählst.
Dass du dein Kreuz nicht bei einer Lösung machst,
sondern bei einer Illusion.
   Die Wahl ist das perfekte Ritual,
um dich beschäftigt zu halten.
Du darfst mitmachen –
aber nicht entscheiden.
Du darfst zustimmen –
aber nicht verändern.
Du darfst wählen,
 aber nicht wählen, *ob du wählst.*
   Es heißt,
wenn du nicht wählen gehst,
verschenkst du deine Stimme.

Aber was,
wenn du sie gerade *dann* zurücknimmst?
Wählen heißt heute:
Du darfst die Farbe des Käfigs aussuchen.
Nicht, ob du drin bist.
Du darfst entscheiden,
welcher Vertreter dich vertritt –
aber nicht, ob du vertreten werden *willst*.
Politik ist zum Betrieb geworden.
Marketing, Machtspiele, Talkshows, Skandale.
Und du sollst glauben, dass du Teil davon bist,
wenn du einmal alle paar Jahre ein Kreuz setzt
und ansonsten still bleibst,
zahlst,
und dich fügst.
Aber echte Veränderung geschieht nicht an einem
Sonntag
in einer Schule mit Wahlkabinen.
Sie geschieht an einem Dienstagmorgen,
wenn du **nicht** mehr in den Job gehst,
der dich auffrisst.
Sie geschieht, wenn du **nein** sagst
zu dem Vertrag, der dich fesselt.
Wenn du **ja** sagst
zu dir selbst – auch wenn es unbequem ist.
Die große Täuschung ist,
dass man dir das Gefühl gibt,

dabei zu sein.

Mitmachen zu dürfen.

Ein Teil zu sein von etwas Größerem.

Dabei bist du nur
Teil eines Spiels,
dessen Regeln du nicht schreiben darfst.

Die eigentliche Wahl triffst du jeden Tag:
Wie du sprichst.

Wie du denkst.

Was du konsumierst.

Wofür du Zeit gibst.

Wofür du stehst.

Und was du stillschweigend durchgehen lässt.

Das Wahlsystem will,
dass du Verantwortung auslagerst.

Dass du sagst:
„Ich hab gewählt – jetzt sollen die mal machen.“

Aber wer frei sein will,
der lagert nicht aus.

Der holt sich zurück,
was ihm gehört:
Sich selbst.

Wenn du also das nächste Mal gefragt wirst:
„Gehst du wählen?“

Dann darfst du sagen:
„Ich wähle –
aber nicht da,

wo man mich hinführt.
Sondern da,
wo ich stehe."

    Raus aus der Kabine.
Rein ins Leben.
Denn dort ist die einzige Stimme,
die wirklich zählt:
Deine.

Kirche, Staat, Norm – der Dreiklang der Knechtung

Wie man dich formt, ohne dass du es merkst
Manche Ketten klirren.

Andere sind aus Gedanken.

Du spürst sie nicht – aber du läufst nicht mehr frei.

Drei Instanzen haben seit Jahrhunderten daran gearbeitet,

dass du dich klein hältst,

fügsam bleibst

und nicht mehr auf die Idee kommst,

dich zu erinnern, wer du bist.

Kirche. Staat. Norm.

Sie wirken unterschiedlich.

Aber sie spielen zusammen.

Wie ein Orchester der inneren Abrichtung.

Die **Kirche** sagt dir:

Du bist schuldig.

Von Geburt an.

Du brauchst Erlösung.

Du brauchst Mittler.

Du brauchst Gesetze, Gebote, Dogmen.

Ohne sie bist du verloren.

Sie erklärt deinen Körper zur Gefahr.

Dein Begehren zur Sünde.

Dein Denken zur Versuchung.

Und deine Seele zum Eigentum eines Gottes,
der nicht du bist.

Sie ersetzt Verbindung mit Gehorsam.

Erlebnis mit Ritual.

Erkenntnis mit Schuld.

Und nennt es Gnade.

Dann kommt der **Staat**.

Er sagt:

Wir schützen dich.

Vor dem Chaos.

Vor den anderen.

Vor dir selbst.

Aber dieser Schutz ist teuer.

Du zahlst mit Freiheit,
mit Kontrolle,
mit Überwachung,
mit Formularen,
mit Zustimmung zu einem System,
das dich am Leben hält –
aber nicht lebendig macht.

Der Staat liebt Ordnung,
nicht Wahrheit.

Er braucht dich funktionierend,
nicht fühlend.

Und schließlich kommt die **Norm**.

Die ist unsichtbar –
aber überall.

„So macht man das."

„So sieht Erfolg aus."

„So redet man nicht."

„So ist das eben."

„So hat man zu sein."

Norm ist die leise Stimme,
die in deinem Kopf flüstert,
wenn du aus der Reihe tanzen willst.
Sie ist nicht gesetzlich,
aber allgegenwärtig.
Nicht geschrieben,
aber tief eingebrannt.

Die Norm urteilt,
noch bevor du dich überhaupt traust.
Sie ist der verlängerte Arm
von Kirche und Staat –
verinnerlicht, still, effizient.

Zusammen wirken diese drei
wie ein heiliges Dreieck der Unterwerfung.

Die Kirche verankert Schuld.
Der Staat institutionalisiert Gehorsam.
Die Norm sichert die Anpassung im Alltag.

Und du denkst:
Das ist normal.
Das ist halt die Welt.
Das ist menschlich.

Aber es ist gemacht.

Es wurde dir beigebracht.

Eingebrannt.

Wiederholt.

Belohnt.

Eingeübt.

Und nie hinterfragt.

Doch du darfst es hinterfragen.

Du darfst sagen:

„Ich glaube nicht, dass ich schuldig bin."

„Ich glaube nicht, dass Kontrolle Schutz ist."

„Ich glaube nicht, dass ich so sein muss wie ihr."

Denn du bist kein Produkt.

Keine Nummer.

Kein Gläubiger.

Kein Untertan.

Kein Normmensch.

Du bist lebendig.

Wild.

Fühlend.

Denkend.

Wandelnd.

Und genau deshalb
fürchten sie dich.

Denn du brauchst keine Erlaubnis,
um zu sein,
was du bist.

Du brauchst keine Absolution,
keinen Passierschein,
keine Norm.

Du brauchst nur eins:
Dich selbst zurück.

Und vielleicht eine Prise Ungehorsam –
damit du wieder spürst,
wie es ist, frei zu atmen.

Zurück zur Wahrheit – zurück zu dir

Was bleibt, wenn du alles loslässt, was dich nie getragen hat
    Irgendwann wirst du müde.
Nicht erschöpft vom Leben –
sondern vom Theater.
    Du merkst, dass du tausend Dinge tust,
aber keinen einzigen davon,
weil er wirklich aus dir kommt.
    Du funktionierst,
aber du lebst nicht.
    Du nickst,
aber du glaubst nicht.
    Du lächelst,
aber du spürst nichts.
    Und dann wird es still.
Nicht im Außen –
sondern in dir.
    Etwas fragt:
Wozu das alles?
Wofür?
Für wen?
    Und wenn du nicht gleich zurückzuckst,
sondern kurz innehältst,
merkst du:
Du bist noch da.

Unter all dem.
Noch immer da.
   Nicht gebrochen.
Nur verschüttet.
Nicht verloren.
Nur vergessen.
   Denn in Wahrheit brauchst du nicht viel.
Nicht den Applaus.
Nicht den Plan.
Nicht die Erklärung.
   Du brauchst nur dich.
Ungefälscht.
Unverstellt.
Unverzeihlich ehrlich.
   Es geht nicht darum,
alles zu zerstören.
Es geht darum,
wieder bei dir anzukommen.
   Zurück zur Wahrheit.
Das heißt:
Ich höre auf, mir etwas vorzumachen.
Ich höre auf, für andere zu leben.
Ich höre auf, brav zu sein,
wenn mein Herz wild schlägt.
   Zurück zu dir heißt:
Du gehst raus aus den Konzepten,
aus den Erwartungen,

aus den Rollen,

aus der Lüge vom „So muss man sein".

Du atmest tiefer.

Du wirst langsamer.

Du sagst öfter „nein".

Und manchmal:

gar nichts.

Weil du weißt,

dass Wahrheit nicht laut ist.

Aber eindeutig.

Sie zieht nicht an dir.

Sie ruft nicht ständig.

Sie wartet.

Still.

Geduldig.

Im Innersten deines Wesens.

Und wenn du bereit bist,

musst du nichts tun.

Du musst dich nicht beweisen,

nicht rechtfertigen,

nicht inszenieren.

Du darfst einfach zurückkehren.

Zu dir.

Zur Klarheit.

Zur Würde.

Zur Tiefe.

Zur Wahrheit.

Und du wirst merken:
Alles, was du vorher gesucht hast –
war nie da draußen.
Es war hier.
Immer.
Unter der Maske.
Hinter dem Lärm.
In deinem Blick.
In deinem Nein.
In deinem leisen Ja.
Das bist du.
Und das reicht.

Anleitung zum inneren Aufstand

Wie du still rebellierst – und dabei frei wirst
Du brauchst keine Fahne.
Keine Maske.
Keinen Schlachtruf.
Du brauchst kein Manifest,
keine Demo,
kein Transparent.
Der Aufstand, um den es hier geht,
beginnt in einem Moment stiller Klarheit.
Ein Atemzug,
ein Blick,
ein inneres Nicken:
Ich mache nicht mehr mit.
Das ist der Moment,
in dem alles kippt.
Nicht laut.
Nicht sichtbar.
Aber tief.
Ein innerer Aufstand ist kein Spektakel.
Er ist eine Entscheidung.
Du gehst nicht mehr dorthin,
wo man dich belügt.
Du nickst nicht mehr,
wo du spürst, dass es faul ist.
Du tust nicht mehr so,

als wäre alles okay –
 nur um dazu zu gehören.
    Du hörst auf,
Teil eines Spiels zu sein,
das dich leer macht.
    Und du beginnst,
anders zu sprechen.
Anders zu denken.
Anders zu handeln.
    Nicht perfekt.
Nicht revolutionär.
Aber wahr.
    Ein innerer Aufstand heißt:
 Du isst, was dir gut tut –
nicht, was beworben wird.
Du hörst auf dein Gefühl –
nicht auf den Feed.
Du machst Pausen –
auch wenn sie niemand erlaubt.
Du sagst „nein" –
auch wenn alle anderen „ja" schreien.
Du sagst „ja" –
zu dir,
zu deinem Tempo,
zu deiner Art,
zu deiner Stille.

Du ziehst dich zurück,
nicht aus Schwäche –
sondern aus Klarheit.
Weil du nicht mehr diskutierst
mit einer Welt,
die dich nicht hören will.
Du trittst nicht mehr an,
um dich zu beweisen.
Sondern du gehst deinen Weg –
ob ihn jemand versteht oder nicht.
Der innere Aufstand ist kein Angriff.
Er ist ein Rückzug vom Wahnsinn.
Er ist die sanfte Verweigerung,
sich selbst weiter zu verraten.
Und genau deshalb ist er mächtig.
Denn wenn du dich veränderst,
verändert sich die Welt.
Nicht weil du laut bist –
sondern weil du **nicht mehr lügst**.
Dein Leben wird stiller.
Wahrer.
Klarer.
Unbequemer –
aber echter.
Und irgendwann merkst du:
Du brauchst keine Erlaubnis mehr.

Du bist längst frei.
Weil du in dir entschieden hast:
Ich geh nicht gegen das System.
Ich geh einfach nicht mehr mit.

Typisch angepasst – eine Typologie der Zahnräder

Wer sind eigentlich „die anderen" – und war ich mal einer davon?

Nicht alle tragen Uniform.

Aber viele tragen System in sich – so tief verankert, dass sie gar nicht merken, dass sie keine Menschen mehr sind, sondern Rollen. Programme. Zahnräder.

Hier eine kleine Typologie der Alltags-Zahnräder.

Nicht abschließend.

Aber erhellend.

Und mit einem Hauch Rebellentee (Zutaten: 1 Prise Klarblick, 1 EL inneres Feuer, 3 Tropfen "Leck mich" und ein Löffel Stille.

Ziehzeit: Solange, bis du wieder bei dir bist) gewürzt.

Der Korrekte

Er macht alles richtig. Brav. Pünktlich. Vollständig.

Er liest Gebrauchsanweisungen.

Er liebt Paragraphen.

Er hält sich an Regeln – nicht aus Angst, sondern aus Überzeugung.

Wenn du ihm sagst, dass etwas falsch läuft, antwortet er:

„Dann musst du dich halt richtig anstellen."

Der Empörte

Er ist immer auf der Seite der Moral.

Nur leider wechselt diese ständig.

Letztes Jahr war noch das gut, was heute geächtet wird.

Egal – Hauptsache mitmachen beim richtigen Empören.

Er hat immer eine Meinung. Und sie klingt wie die Tagesschau.

Er sagt: „So was darf man heute einfach nicht mehr sagen!"

und merkt nicht, wie sehr er dabei zensiert – auch sich selbst.

Der Ängstliche

Er will niemandem schaden.

Er will alles richtig machen.

 Er will dazugehören.

Und er hat Angst, wenn jemand zu laut denkt.

Er trägt Maske – auch innerlich.

Und wenn du ihn fragst, warum er all das mitmacht, sagt er leise:

„Weil ich sonst allein bin."

Der Performer

Er ist durchoptimiert. Kalorien, Termine, Atemzüge –

alles getrackt.

Er liest Bücher über Selbstführung und hat einen Coach für sein inneres Kind.

Er meditiert morgens, zerlegt sich mittags und postet abends, wie produktiv er war.

Er ist müde, aber darf das nicht sagen.

Denn Schwäche passt nicht ins Branding.

Die Missionar*in

Gendergerecht. Biologisch korrekt. Wach, vegan, aktivistisch.

Aber wehe, du denkst anders. Dann bist du alt, gefährlich oder „rechts".

Sie kämpft für Gerechtigkeit – aber vergisst, dass andere auch fühlen.

Und dass Freiheit nicht heißt: *Alle müssen jetzt so denken wie ich.*

Der Kumpel vom System

Er glaubt nicht mal mehr an das, was er tut – aber er macht's trotzdem.

„Irgendwer muss den Job ja machen."

Er weiß, dass alles faul ist, aber sagt nichts.

Tut nichts.

Lebt von Monat zu Monat und wartet auf die Rente, die nicht mehr kommen wird.

Er lebt still – und stirbt langsam.

Der Stille Mitläufer

Er sagt nichts. Tut nichts. Funktioniert.
Stört nicht. Widerspricht nicht.
Er ist der Traum jeder Machtstruktur.
Weil er da ist – aber nie auffällt.
Wie ein Geist mit Bankkonto.

Und du?
Warst du mal einer davon?
Bist du manchmal noch einer?
Es geht nicht darum, die anderen zu verurteilen.
Sondern zu erkennen, wo du selbst noch angepasst
bist.
Wo du klein bleibst, wo du dir das Denken abge-
wöhnst,
wo du dich still einordnest, obwohl alles in dir „nein"
sagt.
Denn der erste Schritt zur Freiheit ist nicht Rebel-
lion.
Sondern Selbsterkenntnis.
Ehrlich.
Unbarmherzig.
Und heilsam.
Schau dich an – nicht mit Schuld, sondern mit
Klarheit.

Und dann:
Schmeiß raus, was nicht mehr echt ist.

Die stille Macht der Entziehung

*Wenn du einfach nicht mehr auftauchst, wo du
dich selbst verlierst*

Sie haben dich gelehrt, dass du laut sein musst, um
zu wirken.

Dass du protestieren musst, diskutieren, kämpfen.

Dass du Stellung beziehen musst.

Argumentieren.

Beweisen, dass du recht hast.

 Mit Schärfe. Mit Haltung. Mit Strategie.

Aber was, wenn deine größte Kraft darin liegt,
einfach nicht mehr da zu sein?

Nicht mehr da, wo du lügen musst.

Nicht mehr da, wo du dich verbiegst.

Nicht mehr da, wo du gebraucht wirst – aber nicht gemeint bist.

Was, wenn du still gehst – und nichts erklärst?

Was, wenn du dich entziehst?

Nicht trotzig.

Nicht beleidigt.

Sondern innerlich klar.

 Kein Streit.

Kein Drama.

Kein Aufruf.

Nur Abwesenheit.

Denn manchmal ist das mächtigste Nein das,
bei dem du einfach nicht mehr erscheinst.
Du schreibst nicht zurück.
Du diskutierst nicht mehr mit.
Du tauchst nicht mehr auf.
Du hörst nicht mehr zu.
Du ziehst dich aus der Bühne zurück,
und mit dir verschwindet die Zustimmung.
Das System lebt von Aufmerksamkeit.
Von Energie.
Von Mitwirkung.
Von deinem Mitmachen.
Wenn du dich entziehst,
verliert es Kraft.
Nicht sofort.
Aber Stück für Stück.
Du brauchst keine Parolen.
Du brauchst keine Debatten.
Du brauchst keine endlosen Erklärungen.
Du brauchst nur die Klarheit:
„Das hier dient mir nicht mehr."
Und dann gehst du.
Wirklich.
Innerlich und äußerlich.
Du ziehst dich zurück aus der Illusion,
dass du dazugehören musst.

Du wirst nicht bitter.
Du wirst still.
Nicht schweigend – sondern klar.
Entziehung heißt nicht, dass du aufgibst.
Es heißt, dass du aufhörst, deine Kraft zu verschwenden.
An Orte, die dich leer machen.
An Menschen, die dich nicht sehen.
An Systeme, die dich nur benutzen.
Und plötzlich spürst du:
Du brauchst nicht kämpfen.
Du musst nur bei dir bleiben.
Du musst nicht lauter werden.
Du musst nur ehrlicher werden.
Und stiller.
Aber nicht stumpf – sondern tief.
Denn dein Rückzug ist kein Verschwinden.
Er ist ein Auftauchen.
In dir.
Die stille Macht der Entziehung ist nicht spektakulär.
Sie macht keine Schlagzeilen.
Aber sie verändert alles.
Weil sie dir zurückgibt,
was du nie hättest hergeben sollen:
Dich.

Der Natur zuhören – die letzte Autorität

*Was bleibt, wenn du keine Menschenstimme mehr
brauchst*
Du hast dich zurückgezogen.
Nicht aus Schwäche, sondern aus Klarheit.
Du hast dem Lärm den Rücken gekehrt.
Dem System, der Show, den Erwartungen.
Und jetzt stehst du da.
Stiller als vorher.
Wacher.
Aber auch nackt.
Was bleibt, wenn du dich entzogen hast?
Wenn du nicht mehr diskutierst, nicht mehr kämpfst,
nicht mehr konsumierst, nicht mehr nickst?
Was bleibt, wenn du die Stimmen der Medien aus-
blendest,
die Mahnungen der Experten,
die Zahlen, die Prognosen,
die aufgeblasenen Wahrheiten derer,
die sich für das Zentrum der Welt halten?
Was bleibt,
wenn du niemandem mehr glaubst,
weil du gelernt hast,
dass sie alle von etwas abhängig sind –
von Macht, von Geld, von Applaus, von Angst?

Es bleibt:
die Natur.
Unbestechlich.
Unabhängig.
Unaufgeregt.
Sie ist da,
auch wenn du sie monatelang ignorierst.
Sie hört dir zu,
auch wenn du lange nichts gesagt hast.
Und sie spricht –
aber nicht in Sprache.
Sondern in Wind.
In Nebel.
In Stille.
Wenn du lange genug draußen bist,
allein,
im Wald,
auf einem Feldweg,
an einem Fluss,
ohne Empfang,
ohne Uhr,
ohne Aufgabe –
dann fängt etwas an.
Nicht laut.
Nicht spektakulär.
Aber echt.

Du beginnst wieder zu spüren,
was wirklich lebt.
Du siehst nicht nur eine Pflanze,
du spürst ihre Gegenwart.
Du hörst nicht nur Vogelstimmen,
du beginnst, sie als Sprache zu erkennen.
Du gehst nicht mehr einfach über den Boden,
du nimmst ihn wahr als das,
was dich trägt.
Und du merkst:
Die Natur urteilt nicht.

Sie fragt nicht, wer du bist,
was du glaubst,
woher du kommst,
was du verdienst.
 Sie will nichts von dir.
Sie verlangt keine Meinung.
Keine Zustimmung.
Kein Verhalten.
Sie ist einfach –
und lädt dich ein,
dasselbe zu sein.

Denn das ist der stille Skandal unserer Zeit:
Dass wir das Natürlichste verlernt haben.
Wir kennen Fremdwörter,
aber keine Baumarten.
Wir erkennen Logos,

aber keine Vogelschreie.
Wir lesen Texte,
aber nicht mehr das Wetter.
Wir interpretieren Statistiken,
aber nicht mehr unsere Körper.

Und so laufen wir herum,
getrennt vom Ursprung,
aber überzeugt von unserer Bildung.
Wir glauben, weil jemand einen Titel hat,
weiß er mehr über uns
als der Wind,
der Baum,
der Schmerz in unseren Knochen.

Aber die Natur lügt nicht.
Nie.

Wenn es trocken ist,
sagt sie es.
Wenn es Zeit ist, loszulassen,
tut sie es.
Wenn etwas stirbt,
versucht sie nicht, es zu retten.
Und wenn etwas wächst,
dann ohne Hast.

In der Natur gibt es keine Eile,
aber auch keinen Aufschub.
Keinen Streit,
aber auch kein Zögern.

Kein Ziel,
aber Sinn.
Keinen Plan,
aber Richtung.

Und je länger du zuhörst,
desto mehr merkst du:
Das, was du bist,
war nie ein Fehler.
Es war nur entkoppelt.

Du bist Natur.
Du atmest nicht nur Luft –
du bist Teil ihres Kreislaufs.
Du trägst nicht nur Gedanken –
du bist ein wandelndes Nervensystem aus elektrischer
Erde.
Du brauchst nicht zurück zur Natur –
du musst dich nur erinnern,
dass du nie getrennt warst.
Nur betäubt.

Die Natur ist keine Romantik.
Sie ist keine Idylle.
Sie ist nicht nett.
Aber sie ist wahr.

Wenn du mit ihr gehst,
verlierst du dein Bild.
Dein Image.
Deine Maske.

Du wirst dreckig.

Echt.

Ungezähmt.

Und vielleicht zum ersten Mal:

frei.

Denn hier ist niemand,

der dir erklärt, was richtig ist.

Was gesund ist.

Was normal ist.

Was gerade „in" ist.

Was du essen, denken, tragen, glauben sollst.

Die Natur sagt nur:

Schau.

Hör.

Sei.

Und je mehr du das tust,

desto mehr verlierst du die Angst.

Nicht alle.

 Aber die große,

die dir sagt,

du seist zu wenig.

Zu laut.

Zu langsam.

Zu falsch.

Denn der Bach sagt nicht,

du sollst schneller fließen.

Der Baum sagt nicht,

du müsstest gerader stehen.
Der Vogel sagt nicht,
dein Lied sei falsch.
Nur Menschen tun das.
Nur Systeme.
Nur Strukturen,
die dich formbar machen wollen.
Aber du bist nicht formbar.
Du bist gewachsen.
Wenn du bereit bist,
hör hin.
Nicht mit den Ohren –
mit deinem ganzen Sein.
Setz dich an einen Baum.
Geh barfuß durch Matsch.
Schau dem Nebel zu,
wie er das Tal verschluckt.
Hör die Krähen.
Atme den Rauch eines Lagerfeuers.
Lass Regen in dein Gesicht fallen,
ohne ihn zu deuten.
Denn hier beginnt Autorität.
Nicht von außen.
Sondern in dir.
Die Natur ist nicht da,
um dir zu sagen, was du tun sollst.
Sie ist da,

um dich daran zu erinnern,
dass du längst weißt,
 was du nicht mehr brauchst.
　　Und das ist mehr,
als du denkst.

Du bist der Anfang

Nicht das System. Nicht der Widerstand. Sondern du.

Vielleicht warst du früher leiser. Angepasster.
Vielleicht wolltest du dazugehören, ohne dich zu verlieren.
Vielleicht hast du lange geglaubt, dass es reicht, ein guter Mensch zu sein.
Fleißig. Freundlich. Vernünftig.

Aber dann kam dieser Moment.
Ganz leise, ganz tief.
Der Moment, in dem etwas nicht mehr ging.
Nicht mehr stimmte.
Nicht mehr trug.

Und du hast aufgehört zu glauben,
was alle glauben.

Nicht aus Trotz.
Sondern aus Klarheit.

Du hast gesehen,
dass vieles, was als Wahrheit verkauft wird,
nur Wiederholung ist.
Kondition.
Dressur.

Und du hast dich entzogen.
Nicht mit Gewalt.
Nicht mit Drama.

Sondern einfach,
indem du nicht mehr aufgetaucht bist,
wo man dich haben wollte.

Du bist nicht mehr in den Gedanken,
die dich klein halten.
Nicht mehr in den Regeln,
die dich lähmen.
Nicht mehr in den Strukturen,
die dich formen sollen.

Du bist nicht mehr Teil des Spiels.
Und das allein ist Revolution.

Du hast deinen eigenen Raum geöffnet.
Einen Raum, in dem du nicht funktionieren musst.
Nicht strahlen, nicht heilen, nicht kämpfen.
Nur sein.

Hier beginnt es.

Nicht da draußen.
Nicht in der nächsten Wahl, der nächsten Debatte, der
nächsten Hoffnung.
Sondern in dir.
In deinem Atem.
In deinem Blick.
In deiner Entscheidung,
dich nicht mehr zu verlieren.

Du bist der Anfang.
Nicht die Bewegung.
Nicht die Partei.

Nicht der Widerstand.
Du.
Weil du spürst.
Weil du fühlst.
Weil du nicht mehr lügst.
Vielleicht gehst du allein.
Vielleicht spöttisch belächelt,
unsichtbar, ungefragt.
Aber du gehst.
Nicht zurück –
sondern aufrecht.
Und du wirst Menschen begegnen,
die dich sehen.
Nicht, weil ihr dieselbe Meinung habt.
Sondern weil ihr dieselbe Sehnsucht tragt:
nach etwas Echtem.
Ungezähmtem.
Wahrhaftigem.
Und dann weißt du:
Du bist nicht falsch.
Du bist nicht verloren.
Du bist genau richtig,
weil du wieder bei dir bist.
Du brauchst keine Theorie mehr.
Kein Manifest.
Keinen Beweis.

Du bist da.
Und das reicht.
Denn du bist der Anfang.
Und was immer aus diesem Buch in dir bleibt –
lass es wurzeln.
Nicht als Parole.
Sondern als Erinnerung.
An das,
was nie wirklich weg war:
Dich.

Nachwort

Vielleicht hat dich dieses Buch an mancher Stelle irritiert.

Vielleicht berührt. Vielleicht gespiegelt.

Vielleicht hat es Dinge gesagt, die du selbst schon lange dachtest –

nur nie laut. Nur nie bis zum Ende.

Vielleicht hat es nicht gefallen, sondern gerieben.

Oder gestimmt – wie eine leise Saite in dir,

die du lange nicht mehr gehört hast.

Und vielleicht war das alles gar nicht neu,

sondern nur eine Erinnerung:

Dass du nicht irre bist.

Nicht zu viel.

Nicht zu radikal.

Nicht zu empfindlich.

Sondern einfach nur wach.

Dieses Buch ist kein Ziel.

Es ist ein Übergang.

Ein Gespräch ohne Ende.

Ein Innehalten vor dem Weitergehen.

Denn echte Veränderung beginnt nicht in Texten.

Nicht in Theorien.

Nicht in großen Reden.

Sondern in den stillen Momenten:

In deinem Blick am Morgen.

In dem Moment, in dem du sagst:

„Ich mache es anders."

Wenn du diese Seiten betreten hast, hast du vielleicht etwas mitgenommen – aber auch etwas dagelassen.

Etwas, das dir nie wirklich gehörte.

Etwas, das du nicht mehr brauchst.

Du bist nicht verloren.

Du bist unterwegs.

Und du gehst deinen Weg.

Nicht weil jemand ihn erlaubt.

Sondern weil er dich trägt.

– Mara von Eichen

Danksagung

Dieses Buch wäre nicht entstanden ohne die Stimmen jener,
die lange vor mir lebten –
fragend, zweifelnd, klar.
Nicht als Prediger,
sondern als Menschen,
die es wagten, anders zu sehen.

Henry David Thoreau,
dessen ziviler Ungehorsam bis heute leuchtet wie eine stille Laterne im Nebel.

Pierre-Joseph Proudhon,
der den Mut hatte, den Mechanismus der Macht zu entlarven –
und dafür kein Blatt vor den Mund nahm.

Aldous Huxley,
der uns mit unheimlicher Präzision vor einer Welt warnte,
in der Menschen das lieben, was sie versklavt.

George Orwell,
der mit seiner Feder ganze Systeme entkleidete.

Simone Weil,
die mit schmerzhafter Wahrhaftigkeit über das Menschsein sprach.

Max Stirner,
der das Ich zurückforderte – nicht als Pose,
sondern als unbestechliche Wahrheit.

Emma Goldman,
die sich weigerte, zwischen Freiheit und Schönheit zu
wählen.

Und all jenen,
die nie laut waren,
aber klar.
Die keine Gefolgschaft forderten,
sondern zum Selberdenken ermutigten.

Ich danke ihnen nicht,
weil ich jedem ihrer Gedanken zustimme –
sondern weil sie mir den Mut gezeigt haben,
eigene zu haben.

Dieses Buch steht nicht auf ihren Schultern.
Aber es lauscht manchmal ihrer Stimme im Wind.

– Mara von Eichen

Coverbild: Mara von Eichen